«Quien desafía a la humanidad y la desprecia,
conquista su respeto y llega a ser su legislador».

Fiódor Mijáilovich Dostoyevski, *Crimen y castigo*

ANGELA DOROTHEA MERKEL

Canciller Federal de Alemania desde 2005.
Ha presidido el Consejo Europeo y el G8, y todo ello sin cambiar de peinado.
Profundamente europeísta, siempre y cuando el resto
de países de la Unión se esté quietecito y deje a los alemanes
hacer cosas de mayores.

Espíritu olímpico

Autobahn

Cualquier tiempo pasado...

ħermanita de la Caridad

MARIANO RAJOY BREY

Presidente del Gobierno de España y registrador de la propiedad en excedencia.
Del registro, no de la presidencia, aunque haya días que lo parezca.
Pertenece al Partido Popular, organización que actualmente se encuentra investigada
por la Justicia española por lo bien que lo hace en general.

**TEXTO QUE SE ATIENE A LA NORMATIVA VIGENTE DISPUESTA POR LA
L.O. 4/2015 DE 30 DE MARZO, DE PROTECCIÓN DE LA SEGURIDAD CIUDADANA.**

Incendia las redes

La Santa Compaña

Vladimir Vladimirovich Putin

Presidente de la Federación Rusa y exagente del KGB.
Le gusta el judo, cazar osos con sus manos desnudas
e intervenir en los procesos democráticos de Occidente.

Día del orgullo

La conversación

Sufragio secreto

Minority Report

Bota de oro

DONALD JOHN TRUMP

45º presidente de los Estados Unidos de América.
Un tío realmente listo, un genio, de veras; pero uno muy estable,
muy bueno y poderoso. No creas lo que dicen de él las noticias falsas,
está realmente bien y sano, pero de una manera
muy fuerte, muy grande.

Bota, rebota...

Efecto placebo

MARION ANNE PERRINE LE PEN

Marine, para amigos y simpatizantes. Presidenta del Frente Nacional
y candidata a las elecciones presidenciales francesas de 2017
porque, por lo visto, muchos franceses piensan que
el Régimen de Vichy no fue tan malo como lo pintaban.

Buena memoria

Cuestión de estadística

Conocimientos aplicados

Un vistazo a los clásicos

Tierra de oportunidades

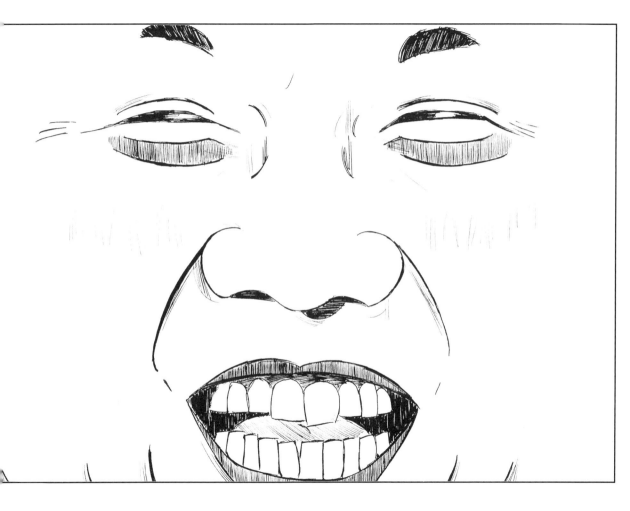

KIM JONG-UN

Líder Supremo de Corea del Norte, Comandante Supremo
del Ejército de Corea del Norte, recordman mundial
de los 100 metros lisos, actor mejor pagado de Hollywood y
Premio Nobel de todas las categorías.

**INFORMACIÓN PROPORCIONADA POR LA
ASAMBLEA SUPREMA DEL PUEBLO DE COREA
DEL NORTE, LARGA VIDA A KIM JONG-UN.**

Mi amado pueblo

Versión oficial

ESTA SEMANA, CIENTOS DE COMPATRIOTAS HAN SIDO SORPRENDIDOS CUANDO INTENTABAN CRUZAR LA FRONTERA. SU INTENCIÓN ERA HACER VER A LOS DEL SUR LO EQUIVOCADOS QUE ESTÁN Y LO QUE SE PIERDEN POR NO ABRAZAR EL JUCHE.*

EL EJÉRCITO LES HA CONTENIDO Y LES HA SUGERIDO QUE CANALICEN SU ENTUSIASTA ENERGÍA PLANTANDO ARROZ DESNUDOS HASTA EL DÍA DE SU MUERTE EN LOS HUMEDALES DE CHAGANG. ¡VIVA EL JUCHE!

*Sistema filosófico que rige la política norcorean

El negociador

fondo de armario

NICOLÁS MADURO MORO

Presidente de Venezuela y sucesor de Hugo Chávez.
Aficionado al béisbol y a deshacerse de sus opositores, es un
habitual en las tertulias radiofónicas españolas,
aunque nunca haya asistido a ninguna.

Por la boca muere el pez

No llevo suelto

THERESA MARY MAY

Segunda mujer en ocupar el cargo de
primera ministra británica e islamófoba del año 2015.
Lidera al Reino Unido en su camino hacia el Brexit,
aunque el destino final no esté del todo claro todavía y las indicaciones
conminan una y otra vez a dar la vuelta.

Tratado de Utrecht

No, hija, no

Estafeta

PIDO DISCULPAS POR EL DESAFORTUNADO ERROR QUE HEMOS COMETIDO ENVIANDO A LOS CIUDADANOS DE LA UNIÓN RESIDENTES EN EL REINO UNIDO LAS CARTAS QUE ORDENABAN SU INMEDIATA DEPORTACIÓN...

¡NO TENDRÍAN QUE HABER LLEGADO HASTA DENTRO DE UN PAR DE AÑOS!

La misma piedra

PABLO RÍOS

Autor de tebeos, con *Azul y pálido* (Entrecomics, 2012),
un cómic sobre contactados por alienígenas, obtuvo la nominación
a Autor Revelación en el Salón del Cómic de Barcelona de 2013.
Luego, junto al guionista Santiago García, publicó *Fútbol, la novela gráfica* (Astiberri, 2014)
y *El portero* (Fundazioa Athletic de Bilbao, 2015).
Con Sapristi ha publicado *Presidente Trump* (2016) y *Presidente Puigdemont* (2017),
y con este libro que tienes entre manos cierra su trilogía sobre líderes políticos,
porque temía encasillarse. Por eso mismo,
ahora trabaja en nuevas obras sobre, bueno, contactados por alienígenas y fútbol.

© 2018, Pablo Ríos

Primera edición: abril de 2018

© de esta edición: 2018, Roca Editorial de Libros, S. L.
Av. Marques de l'Argentera 17, pral.
08003 Barcelona
info@sapristicomic.com
www.sapristicomic.com

Dirección editorial: Octavio Botana

Impreso por LIBERDÚPLEX, S.L.U.
Sant Llorenç d'Hortons (Barcelona)

ISBN: 978-84-946167-7-8
Depósito legal: B. 5224-2018
Código IBIC: FX

RS16778